SUPER KNOWLEDGE

超级涨知识

北京市地理特级教师
李京燕 主审

朱岩 编著
石子儿童书 绘

绕不开的地理常识

地理冷知识 TOP100（上）

5

电子工业出版社·

Publishing House of Electronics Industry

北京·BEIJING

目录

地形地貌 20

我们看到的都是过去的太阳吗？

太阳东升西落，日复一日，始终与地球和人类相伴。但是，我们其实永远都看不到现在这一刻太阳的样子。这是因为我们看到的太阳实际上是太阳发出的光。而世界上没有任何物质能够瞬间移动，光的速度虽然很快，但依然需要花费一定时间才能到达地球。

很远，很远……

太阳和地球之间的距离约为 1.5 亿千米，光速约为 30 万千米 / 秒。通过简单的计算可以知道，太阳发出的光抵达地球，需要花费约 8 分 20 秒。

因此，我们看到的太阳，永远是它 8 分 20 秒之前的样子。

我们在夜晚看到的所有星星，都是它们很久之前的样子。如明亮的天狼星距离地球约 8.6 光年，所以我们看到的是它 8.6 年前的样子。

4

真的可以"坐地日行八万里"吗？

坐地日行八万里，
巡天遥看一千河。

北极

极半径
6357千米

赤道半径
6378千米

赤道周长   约4万千米

南极

人们真的可以做到"坐地日行八万里"吗？

地球始终处在运动中，每24小时会完成一周自转。而地球的赤道周长约为4万千米，恰好折合"八万里"。

北极

赤道

南极

因此，即使你坐在赤道上的某个地点一动不动，依然会以每小时1670千米的速度跟随着地球自转，在一天中走过"八万里"路程。

不过，由于从赤道向极地，地球自转的线速度是越来越小的，所以如果你坐在赤道以外的地方，一天就走不到"八万里"了。

有意思的是，地球还在绕着太阳公转，每小时的速度高达10.7万千米，一天中会走过260万千米的距离。从这个角度来说，"坐地日行"的距离又远不止"八万里"了。

如何给地球测"体重"？

地球到底有多重？可能很多人想过这个问题。但是，显然没有一杆巨大的秤能让我们直接称量地球的"体重"。

科学家曾尝试过很多办法，但都没有成功。直到 1687 年，牛顿发表万有引力定律，给测量地球"体重"提供了一条新路径。

根据牛顿万有引力定律，一个物体的引力和它的质量成正比。这样，科学家就可以通过测算地球对邻近行星产生的引力大小，来计算地球的质量。

不过，科学家还需要用巧妙的实验来减小计算误差。直到 1798 年，才由英国科学家亨利·卡文迪许第一次准确测出地球质量。

他通过精密的实验和计算，得出地球的质量约为 60 万亿亿吨——6 后面 21 个 0！

60万亿亿吨！

每个月的初一我们都见不到月亮吗？

"人有悲欢离合，月有阴晴圆缺。"人类自古就注意到了月球周期性的变化，今天我们把这种变化称为"月相变化"。

月球本身并不发光。我们看到的月球，实际上是反射了太阳的光。因此，当太阳、地球和月球三者间的位置发生变化时，我们能看到的月球被照亮的部分也会相应地发生变化。

农历初一时，月球运行到地球和太阳之间。月球背向地球的一面被太阳照亮，朝向地球的一面完全无光，我们也就无法看到月亮了。这种月相称为"新月"，也叫"朔"。

农历十五、十六时，地球位于太阳和月亮之间，月球朝向地球的一面完全被照亮，圆圆的月亮高挂空中。这种月相称为"满月"，也叫"望"。

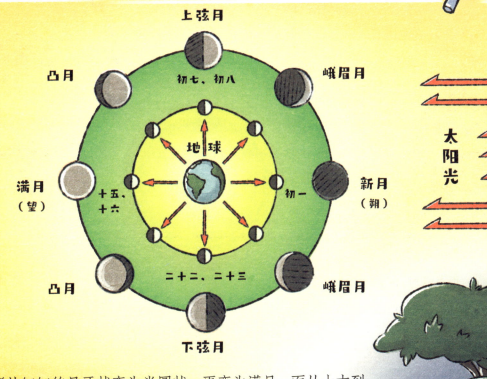

从初一到十五，月球逐渐从细细的月牙状变为半圆状，再变为满月；而从十六到三十（月末），月球则从满月变为半圆状，再变为新月。周而复始，循环不断。

古时候，人们就发现月亮上的"景色"是不变的。仿佛一个圆盘，永远以正面朝向我们。因此有人说，我们和月球只有"一面之缘"。

实际上，月球在绕地球公转的同时，也在自转。但是，月球自转与公转的周期完全相同，而且方向也完全一致。

这就使得月球总是以同一面朝向地球，科学家把这种现象称为"潮汐锁定"。在地球上的人，永远只能看到月球的一面，而无法看到另一面。

月球公转周期28天，自转周期28天
（自转周期与公转周期一样）

14日后

21日后

7日后

第0日/28日后

正
背

第0日/28日后

7日后

14日后

21日后

直到1959年，通过苏联发射的月球3号探测器传送回的照片，人们才第一次看见月球的背面。

2019年，中国发射的嫦娥4号探测器在月球背面着陆。这是世界首次实现月球背面软着陆和巡视勘察，也传回了世界上第一张近距离拍摄的月球背面影像图。

日食是如何形成的?

日食的形成与太阳、地球、月球的相对位置有关。当月球正好运行到地球和太阳中间，三者形成一条直线时，日食就发生了。

月球

地球

月球会挡住一部分太阳光，形成一个影子投在地球上。如果你恰好在这个影子里，就能观察到日食的现象。

太阳

半影

月球

本影

C A

C B

伪本影

在正对着月球的核心区域，月球将太阳完全遮挡住的部分形成"本影区"。在这个区域里的人，可以看到震撼人心的日全食。

在本影区周围的一些地方，月球只是部分遮挡了太阳，形成"半影区"。在这里的人，会看到太阳仿佛被"吃掉"一口的日偏食。

A

B

C

有时由于月球距离太阳较近，离地球较远，月球形成的本影不能落在地球上，就会形成特殊的日环食。这时，人们会看到月球挡住了太阳的中心，但太阳边缘在周围形成了一圈亮环。

月食是如何形成的？

太阳

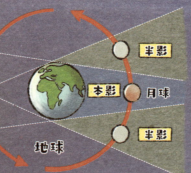

半影
本影
月球
半影
地球

与日食相似，月食的形成也与太阳、地球、月球的相对位置有关。只不过这一次是地球运行到了太阳和月球之间，地球的影子投在了月球上。

阴影的核心区域是"本影区"，如果月球完全进入这一区域，就会发生月全食。

当月全食发生时，月亮并不会完全看不到，而是变成了暗红色。这是因为所有太阳光受到地球阻挡，只有波长较长的红光经过地球大气层的折射，到达了月球的表面。

如果月球只有部分进入"本影区"，就会发生月偏食。

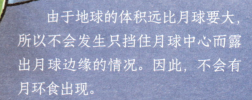

由于地球的体积远比月球要大，所以不会发生只挡住月球中心而露出月球边缘的情况。因此，不会有月环食出现。

在传统的认识中，太阳系中包含"九大行星"，按距离太阳的近远排列，依次是水星、金星、地球、火星、木星、土星、天王星、海王星和冥王星。

"九大行星"为什么变成了"八大行星"？

水星　金星　地球　火星　木星　土星　天王星　海王星　冥王星

19 世纪末，天文学家根据对海王星的观察，推测在其附近可能还存在未知行星 X。1930 年，克莱德·汤博根据一系列天文观测结果，终于发现了在海王星外侧运行的那颗未知行星。

冥王星　　矮行星

已认定的矮行星

冥王星　　阋神星　　鸟神星

妊神星　　谷神星

随后，这颗行星被认定为太阳系的第九大行星，称为"冥王星"。

但在 20 世纪 90 年代后，天文学家又在海王星外陆续发现了一些质量与冥王星相近的天体，2005 年发现的阋神星甚至比冥王星质量更大。这些新发现挑战了冥王星的地位。

2006 年，国际天文学联合会决定将冥王星降格为矮行星，与阋神星、谷神星、鸟神星、妊神星等并列。太阳系的"九大行星"自此变为"八大行星"。

金星上的一天比一年更长？

金星是太阳系的八大行星之一，是距离太阳第二近的行星，是地球的邻居。在中国古代，人们把它称为"长庚""启明"或"太白"。

太阳系的行星每时每刻都在自转，并围绕太阳公转。自转一周的时间是 1 天，公转一周的时间是 1 年。通常来说，1 年比 1 天长得多。

在形容时间过得比较慢时，人们常会用"度日如年"这个成语。不过如果你在金星上生活，这个成语就成了对现实的描述，毫不夸张。

金星的自转速度很慢，自转一周所用的时间，相当于地球上的 243 天。相比之下，金星围绕太阳公转的速度比较快，公转一周所用的时间相当于地球上的 225 天。

所以，金星上的 1 天，竟然比 1 年还要长！

去火星，可以立刻实现减肥的愿望吗？

很多人会为体重而烦恼，减掉两三千克，可能都是一件非常困难的事情。但如果你有机会乘坐航天器前往火星，减肥问题将会迎刃而解。假设你的体重是 100 千克，在火星上称一称，你就只剩 38 千克了！

火星

这是因为在物理中，质量和重量并非一个概念。一个物体的质量是恒定的，在地球和火星间不会发生变化。但是在不同的重力影响下，物质的重量会发生相应改变。

火星的质量比地球小得多，因而它的重力只相当于地球的 38%。自然在火星上称体重，就会变得轻很多。

月球

在月球上的"减肥"效果更明显。由于月球的质量比火星还小，重力自然也更小。100 千克的人在月球上，相当于约 16 千克。

一片云的质量相当于 100 头大象吗?

天空中的云朵看起来轻飘飘的，似乎没有什么质量。但实际上，一片中等大小积云的质量，相当于 100 头大象!

科学家通过计算得出，每立方米的云中含有 0.5 克水。而云的平均大小约为 10 亿立方米。这就意味着，它的质量高达 500 吨。

不可思议的是，质量这么大的云为什么不会从天空中掉下来呢?

哇! 能撑起我呀!

×100

一方面，大气中存在上升的气流，可以抵消掉云中小水滴的下降速度，将它们"托举"在空中。

另一方面，有的小水滴落到云朵下时，会蒸发成水蒸气；同时有上升的水蒸气会凝结成小水滴，补充到云层中。所以，云的内部也会有动态变化，只是整体看起来似乎很稳定的样子。

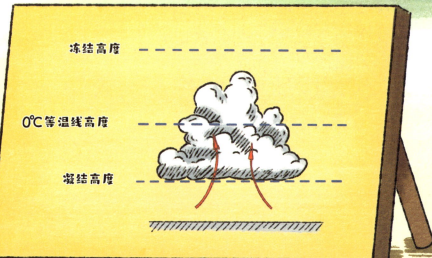

冻结高度

0℃等温线高度

凝结高度

彩虹原来不是拱形的？

　　雨后天空中常会出现美丽的彩虹。它们看起来像一个巨大的拱形，自外向内排列着红、橙、黄、绿、蓝、靛、紫七种颜色。

　　彩虹是由光穿过大气中的水滴形成的。当阳光穿过水滴时，它会被弯曲并分散，形成多种颜色的条带。

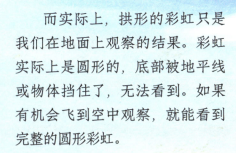

　　而实际上，拱形的彩虹只是我们在地面上观察的结果。彩虹实际上是圆形的，底部被地平线或物体挡住了，无法看到。如果有机会飞到空中观察，就能看到完整的圆形彩虹。

　　有时还会在主虹上出现一个微弱的副虹，形成更为壮丽的双彩虹。这是光线在雨滴内部多反射了一次而形成的。

　　有趣的是，第二次反射让副彩虹的颜色顺序被颠倒了：红色出现在拱形的内侧，紫色则在拱形的外侧。

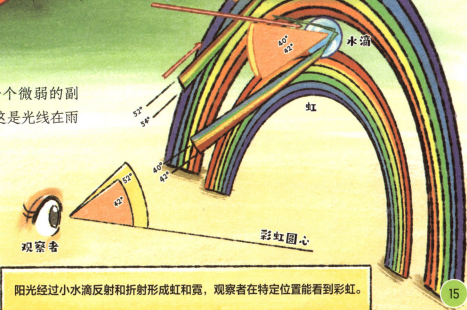

阳光　水滴　副虹　水滴　虹　观察者　彩虹圆心

阳光经过小水滴反射和折射形成虹和霓，观察者在特定位置能看到彩虹。

15

闪电发生最频繁的地方在哪里?

闪电是对流层中的一种大气放电现象。干燥的冬天，穿脱衣服时常会被静电"电"到。闪电的原理和静电相似，只是规模要大得多!

闪电的电流很大，其峰值一般能达到几万安培。但持续时间很短，一般只有几十微秒。闪电的温度可超过 27000℃。

闪电根据发生的位置，可分为云中、云间、云地三种。其中，云地闪电会从云层中放出，到达地球表面，是所有闪电中最危险的一种。

通过人造卫星等方式观测，在地球上平均一秒钟会发生 40 ~ 50 次闪电，也就是一年中会发生约 10.4 亿次闪电。

云中闪电

云间闪电

云地闪电

闪电发生最频繁的地方是委内瑞拉的马拉开波湖。在那里，平均每年有将近 300 天会发生闪电。最多的时候，一个晚上湖面的天空甚至会被闪电照亮 4 万次。

为什么总是先闪电后打雷？

当发生闪电时，会放出大量的光和热，沿途空气被强烈加热、体积骤然膨胀，因而产生冲击波，使空气产生猛烈震动，发出震耳的雷声。

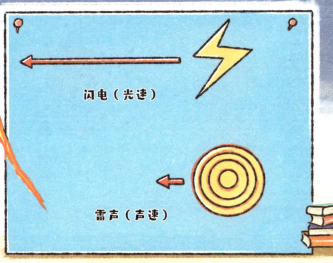

闪电（光速）

雷声（声速）

实际上，闪电和雷声是同时产生的。但在生活中，我们总是先看到闪电，再听到雷声。这又是为什么呢？

这是因为闪电的光传播到我们眼睛中的速度要比雷声传播到我们耳朵中的速度快得多。

光在空气里差不多每秒能走 30 万千米。用这样的速度，1 秒钟就可以围绕地球赤道跑 7 圈半。所以，闪电出现后，几乎瞬间就能被我们看到。

而声音在空气中每秒约只能传播 340 米，差不多只有光速的 90 万分之一。如果雷电发生在 1 千米外，我们在看到闪电后，需要再等约 3 秒才能听到雷声。

1 千米

3 秒

声波

海市蜃楼是如何形成的？

海市蜃楼是自然发生的一种光学现象。当阳光穿越不同密度的空气层时，会产生折射和反射，生成各种虚像。

古人无法理解这种神奇景象的成因，便认为这是海中蛟龙吐出的气体聚集形成的。蛟龙又被称为"蜃"，因此称这种现象为海市蜃楼。

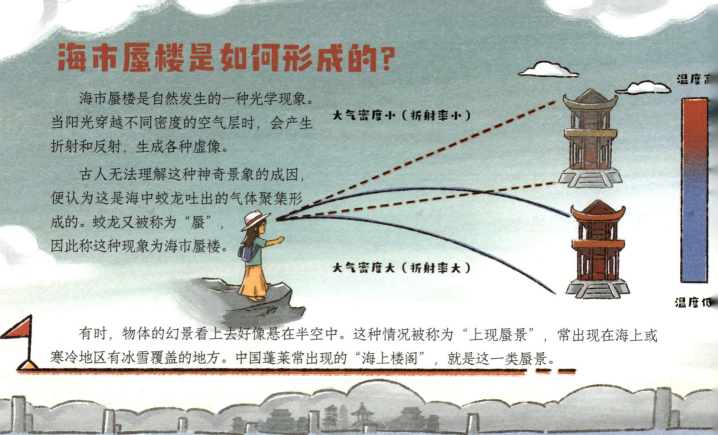

大气密度小（折射率小）

大气密度大（折射率大）

温度高

温度低

有时，物体的幻景看上去好像悬在半空中。这种情况被称为"上现蜃景"，常出现在海上或寒冷地区有冰雪覆盖的地方。中国蓬莱常出现的"海上楼阁"，就是这一类蜃景。

另一些时候，物体的幻景看上去好像是由地面反射而来的。这种情况被称为"下现蜃景"，通常在沙漠中出现。

在高速公路上行驶时，阳光照射下的远方路面，常常会出现一滩"水"。实际上这也是一种下现蜃景。

世界上最冷的地方在哪里？

东方站是苏联在 1957 年建立的南极科学考察站（现属于俄罗斯），位于南极洲内陆的伊丽莎白公主地，与南磁极相距不远。

1983 年 7 月 21 日，该站记录到 -89.2℃的极端气温，是目前世界有科学记录的最低温度。东方站也因此被称为"世界寒极"。

东方站纬度超过 78°，距离最近的海岸线超过 1000 千米，海拔高度接近 3500 米。多种因素共同影响，导致了这里的气候极端寒冷。

北半球的"寒极"，则被认为是俄罗斯东部的奥伊米亚康。1933 年 2 月 6 日，这里曾记录到 -67.7℃的低温。

奥伊米亚康是有人类常年居住的最冷的村庄，当地人对零下四五十摄氏度的天气习以为常，会照常上班、上学。村里唯一的学校，只有在温度低于 -52℃时，才会停课。

19

世界上最热的地方在哪里？

1913 年 7 月 10 日，在美国加利福尼亚州死亡谷记录到 56.7℃ 的高温，成为当时世界最高气温纪录。1922 年 9 月 13 日，在非洲北部利比亚的阿齐济耶记录到 57.8℃ 的高温，刷新了最高气温纪录，成了新的"热极"。

不过，近年来世界气象组织认为利比亚的温度纪录存在测量问题，决定不再承认这一温度纪录。世界"热极"的称号，重新回到死亡谷手中。

实际上，对于最高气温的测量有着严格的要求。

标准的测量方式需要将仪器架设在距离地面 1.25 ~ 2 米高的位置，确保通风状况良好，并避免太阳直射。只有按这一标准测量的温度，才能被认定为正式的气温纪录。

阳光照射下的地表往往会比接近地表的大气温度高不少。1972 年，就曾经在死亡谷测量到 93.9℃ 的地表温度。

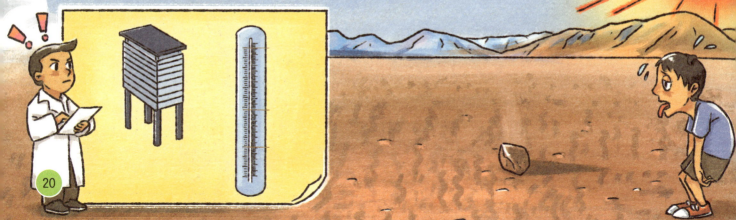

世界上降水最多的地方在哪里？

　　乞拉朋齐被誉为"世界雨极"，年平均降水量超过 11000 毫米。也就是一年中下的雨，超过了 4 层楼的高度。在 1960 年 8 月至 1961 年 7 月间，乞拉朋齐的降水量更是达到了惊人的 26461.2 毫米。

　　乞拉朋齐所处的印度东北部、孟加拉国一带，是世界上降水最多的地区之一。这是由于每年 4～9 月间，来自印度洋的西南季风都会带来大量水汽。

　　乞拉朋齐北侧被东西走向的山脉包围，形成了一个向南开敞的漏斗形谷地。这样的地形大大增加了乞拉朋齐的降水。

　　当暖湿的气流涌入山谷时，受到山地的阻挡，只能被迫向上运动。大量的水汽受冷凝结，形成云朵，进而变成源源不断的降水。

世界上最干旱的地方在海边？

阿塔卡马沙漠位于南美洲西海岸中部，夹在太平洋和安第斯山脉间，南北绵延 1100 千米，面积约 18 万平方千米。

这里虽然临近太平洋，气候却异常干旱，年平均降水量只有不到 15 毫米。而沙漠核心区域的一些气象站，甚至在很多年中都没有记录到任何降水。

阿塔卡马沙漠

如此极端的气候是由于受到了多种因素的影响。沙漠所在的地方，水汽蒸发量很少，加之常年受到下沉气流的控制，导致水汽不能大量上升到空中，无法形成降雨。

沙漠东侧的安第斯山脉，如同一道屏障，完全阻挡了来自东侧的水汽。

沙漠西侧的太平洋中，有势力强劲的秘鲁寒流流过，海水温度比周围气温低 7℃ ~ 10℃，大大降低了水汽的蒸发。

世界上最快的风有多快?

1996年4月10日，热带气旋奥利维亚经过澳大利亚巴罗岛，速度达到408千米/小时，是有纪录的最快"正常"风速。

这一速度打破了持续60余年的纪录。1934年4月12日，在美国新罕布什尔州华盛顿山曾记录到372千米/时的风速。

通常，龙卷风被当作"不正常"的风，不包括在最快风速的排名中。因为气象仪器会被龙卷风摧毁，几乎没有可靠的方法可以直接测量它们的速度。

科学家利用多普勒雷达，可以大致估算出龙卷风的风速，得到一个近似值。最高的EF5级龙卷风的速度一般会超过322千米/时，上不封顶。

1999年5月3日，在美国俄克拉何马州发生的龙卷风，估测的速度超过484千米/时，是目前已知速度最快的龙卷风。

快跑!

台风是如何命名的?

起初，各个国家会根据自己的习惯给台风起名称或编号。常常一个台风会有很多个不同的名称。这样的混乱状况给国际交流带来了不便。

1997年，世界气象组织召开会议，决定对西北太平洋的台风进行统一命名，并从2000年起投入使用。

台风的名称由会受到台风影响的若干个国家和地区提供，共有14个国家或地区有权命名西北太平洋地区产生的台风，分别是中国、中国香港、中国澳门、韩国、朝鲜、日本、柬埔寨、越南、泰国、老挝、菲律宾、马来西亚、密克罗尼西亚和美国。

每个国家或地区提出10个名称，组成若干个台风备用名称，按命名表顺序年复一年地循环使用。

但是，如果某个台风造成了特别重大的灾害，可以申请用这个名称永久命名这次台风，并将该名称从命名表中删除，以一个新名称替补。

中国曾提出的10个名字是：
龙王、悟空、玉兔、海燕、海神、杜鹃、电母、海马和海棠。

天上真的会下"动物雨"吗？

英语中有"rain cats and dogs"的习语，意思自然不是真的说天上会下猫、下狗，而是表达"倾盆大雨"的意思。

不过，世界之大，无奇不有。动物从天而降的特殊"天气"现象，也是常常见于各国记录的。

1794 年，法国士兵目击了一场"蟾蜍雨"；1861 年，新加坡出现了"鱼雨"；1873 年，美国密苏里州的堪萨斯城，大批青蛙在暴风雨中从天而降；2007 年，阿根廷萨尔塔省出现了一场奇特的蜘蛛雨；2012 年，斯里兰卡南部下起了"虾雨"……

类似的现象层出不穷，至今还不能得到完全令人信服的解释。大多数科学家认为，应当是龙卷风等大风将这些小动物从地面或水中卷起，运送到另一片地方，从而形成了"动物雨"。

雨滴下落的速度有多快？

雨滴下落的速度受雨量、雨滴大小、风速等因素影响，各不相同。在静止空气中，一般大小的雨滴下落速度约为 3 米 / 秒。

很小的雨滴在下落过程中会受到空气阻力的影响，以很慢的速度落向地面。很多时候，它们的速度可能还不到 0.5 米 / 秒。

而较大的雨滴，下落的速度会超过 8 米 / 秒。如果这些雨滴在距离地面 1500 米左右的云中形成，需要约 3 分钟才会落到地面。

理论上来说，雨滴越大，下落的速度也会越快。但受空气阻力的影响，过大的雨滴会发生破裂，重新形成多个小雨滴，速度也就慢了下来。

一般来说，雨滴下落的速度不会超过 10 米 / 秒。否则我们可能真的需要担心，下雨天出门，会不会被速度极快的雨滴砸伤了。

3 m/s

空气阻力

雨滴

重力

A

B <2mm

C >2mm

D <5mm

E

蚊子为什么不会被快速下落的雨滴砸死？

蒙蒙细雨，常会为风景增添几分诗情与画意。但你有没有想过，对于体形微小的蚊子来说，雨中"漫步"更像是一部灾难大片。

一滴雨滴的重量，有时会达到蚊子体重的 50 倍之多。我们眼中的毛毛细雨，对于蚊子来说，就如同一辆辆汽车从天而降。不过，为什么好像从未见过蚊子被雨滴砸死呢？

科学家通过实验发现，蚊子虽不能真的像武功高手一样躲开所有雨滴，但被击中的蚊子也不会受到雨滴的伤害。

高速视频显示，当雨滴击中蚊子的翅膀或腿部时，蚊子会向被击中的一侧倾斜，通过高难度的"侧空翻"让雨滴从身旁滑落；当雨滴恰好直接击中蚊子身体时，蚊子会顺着雨滴一同下落，然后迅速调整姿态与雨滴分离。

X50

都是小意思！

我躲！

这么看来，蚊子倒是能以柔克刚，是擅长"四两拨千斤"的太极高手！

为什么城市会比乡村热?

如果你生活在城市中，可能会发现，城里的气温往往会高于周边的乡村地区。科学家将这种现象称为"城市热岛效应"。一般来说，城市规模越大，城市热岛效应就越明显。城市中心的平均温度可能会比郊区高2℃以上。

城市中，往往人口密集、工业发达、交通拥堵、建筑密度高、植被覆盖少。柏油马路和混凝土建筑吸收更多的太阳辐射，随后发散出来；汽车、空调等设备排放大量废热，都是导致城市温度升高的原因。

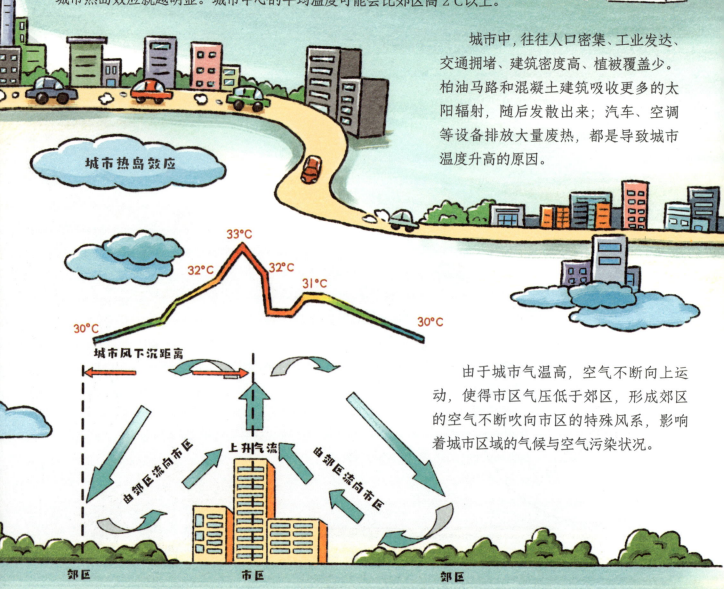

城市热岛效应

33℃
32℃   32℃
31℃
30℃   30℃

城市风下沉距离

由郊区流向市区   上升气流   由郊区流向市区

郊区   市区   郊区

由于城市气温高，空气不断向上运动，使得市区气压低于郊区，形成郊区的空气不断吹向市区的特殊风系，影响着城市区域的气候与空气污染状况。

通过植树造林、绿化屋顶、扩大水域面积、减少汽车使用、疏散城市人口等方式，可以在一定程度上减轻城市热岛效应。

在中国生活的非洲人，夏天要回老家避暑吗？

近年来，随着在中国生活的非洲人越来越多，常出现"非洲人受不了中国酷热的夏天，要回非洲避暑"的有趣新闻。在一般人的印象中，非洲地处热带，终年炎热。从非洲来的人，怎么可能会觉得中国更热呢？

实际上，非洲最炎热的地区是撒哈拉沙漠和赤道附近的热带雨林地区。一个极度干旱，一个极度潮湿，不适合人类居住，人口十分稀少。

人口较多的东非、南非地区，均以高原地形为主，海拔大多在1000米以上。虽然地处热带，但由于海拔较高，温度要比平原地区凉爽不少，夏季也很少超过30℃。

而中国的夏天确实炎热，最高温度常常在30℃以上，部分地区或城市更是会出现40℃左右的高温。也难怪来自热带的非洲人都受不了了。

29

为什么北极圈内的港口终年不冻，纬度更低的港口却被冰封近半年？

俄罗斯地跨欧亚、三面环海。但由于国土整体纬度较高，所以在漫长的海岸线上很难找到可以全年通航的天然良港。

在俄罗斯远东地区太平洋沿岸有一座港口，叫符拉迪沃斯托克（海参崴）。这里是俄罗斯领土最靠南的地点之一，只有北纬43°，但冬天依然寒冷。

因此，港口附近的海水，一年中有 4 个月覆盖着厚厚的浮冰，需要借助破冰船才能通航。

而在俄罗斯的西北侧，却有一处位于北极圈内的港口摩尔曼斯克。这里纬度虽远高于符拉迪沃斯托克（海参崴），却终年不冻，是俄罗斯在北冰洋沿岸最重要的港口。

这一看似违背地理规律的现象，实际上是洋流作用的结果。北大西洋暖流势力强劲，沿着欧洲西海岸一路向北扎进北极圈，为摩尔曼斯克带来了温暖的海水，使摩尔曼斯克成了不冻港。

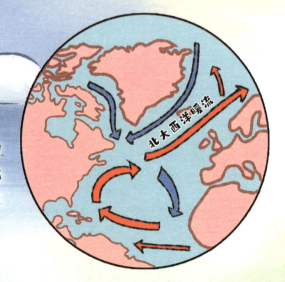

"乞力马扎罗的雪"真的要消失了吗？

乞力马扎罗山位于非洲东部的坦桑尼亚，海拔5895米，是非洲的最高峰。它是一座火山，山体呈标准的火山锥形。

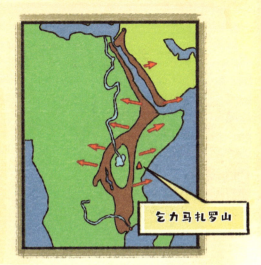

乞力马扎罗山靠近赤道，地处热带。但由于海拔较高，在山顶分布着终年不化的冰雪带，形成了"赤道雪山"的独特景观。

近年来，由于全球气候变暖，山顶积雪融化、冰川消融的情况十分严重。从1912年到2009年的近80年间，冰川已萎缩了超八成。

海拔（米）

北

乞力马扎罗山
5895

- 6000
- 5000
- 4000
- 3000
- 2000
- 1000

背风坡

迎风坡

▨ 积雪冰川带	⛰ 高山草甸带	🌲 常绿阔叶林带	🟩 热带雨林带
◧ 高寒荒漠带	🌳 落叶阔叶林带	🌴 热带疏林草原带	

按这个速度估计，到2030年左右，乞力马扎罗山顶的冰川将会完全消失。

除非全球各国共同合作，阻止全球气候继续变暖。否则，"乞力马扎罗的雪"在不远的将来只能存在于人们的记忆之中了。

31

什么是厄尔尼诺现象?

19世纪初,南美洲的厄瓜多尔、秘鲁等国渔民发现,每隔几年,太平洋沿岸的表层海水温度就会出现异常升高的现象。

厄尔尼诺现象还同示意图

赤道太平洋中东部海水大范围持续异常增温现象

当异常出现时,这种现象在圣诞节前后最为严重,渔民们称它为"厄尔尼诺"现象。

在正常年份,受到秘鲁寒流的影响,太平洋东部表层海水温度较低,气候凉爽干燥。信风自东向西吹拂,为西太平洋带来温暖的天气和大量的降水。

当厄尔尼诺现象发生时,原本自东向西吹拂的信风会减弱甚至反转。东太平洋赤道附近降水增多,西太平洋附近气温下降,降水减少。

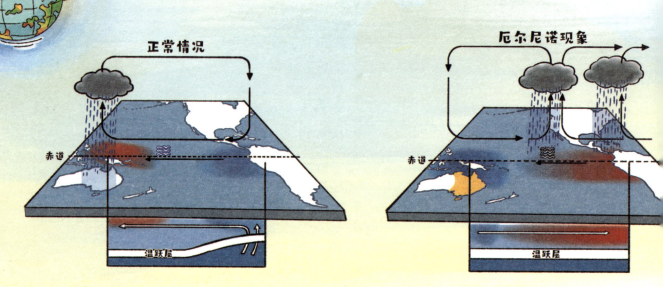

正常情况

厄尔尼诺现象

赤道

温跃层

赤道

温跃层

厄尔尼诺现象会带来"反向性"的极端天气,"该热不热,该冷不冷,该雨不雨,该旱不旱",进而阶段性地影响全球的气候状况。

拉尼娜现象又是什么？

拉尼娜现象与厄尔尼诺现象相反，是指太平洋东部海水异常变冷的情况，因而也被称为"反厄尔尼诺现象"。

当拉尼娜现象发生时，自东向西吹的信风变得更强，西太平洋赤道附近的海水温度更高，降水也会大大增多。

拉尼娜现象发生时会出现"加剧性"的极端天气，"该热更热，该冷更冷，该雨更雨，该旱更旱"，也会阶段性地影响到全球的气候状况。

厄尔尼诺现象和拉尼娜现象往往交替出现。科学家现在还不能完全解释为什么会出现这两种特别的气候异常现象。

最大的石头有多大？

乌鲁鲁是一块巨大的椭圆形岩石，耸立在澳大利亚中部的荒漠地带。它长约3.6千米，宽约1.9千米，顶部平坦，比周围高出348米，号称是世界上最大的单体岩石。

形成乌鲁鲁的砂岩含铁较多，氧化后使岩石呈红色，在夕阳下分外美丽。乌鲁鲁的名字来自原住民阿南古人的语言，代表"大地母亲"。约1万年前，原住民已经开始在乌鲁鲁周边地区居住。它在阿南古人心中地位崇高，是他们能量的源泉。

18世纪，欧洲人移居澳大利亚，侵占了包括乌鲁鲁地区在内的大量原住民土地，并以当时南澳大利亚总督亨利·艾尔斯的名字为巨岩命名。于是，艾尔斯岩成为知名度更高的名称。

近年来，原住民的文化和权利得到了越来越多的尊重和保护。澳大利亚政府规定，自2019年10月26日起，不再允许任何游客攀爬乌鲁鲁。

最坚硬的矿物是什么？

钻石也叫金刚石，切割研磨后纯净透明，光芒璀璨，是重要的宝石之一，也是目前已知最坚硬的天然物质。

钻石由碳元素组成，和生活中常见的石墨一样。但由于它们分子的排列结构和连接方式不同，形成了截然不同的外表和性质。

钻石通常是在距离地表 160 千米的地幔深处形成的。那里有着极端高温和高压的环境，可以满足钻石的形成条件。

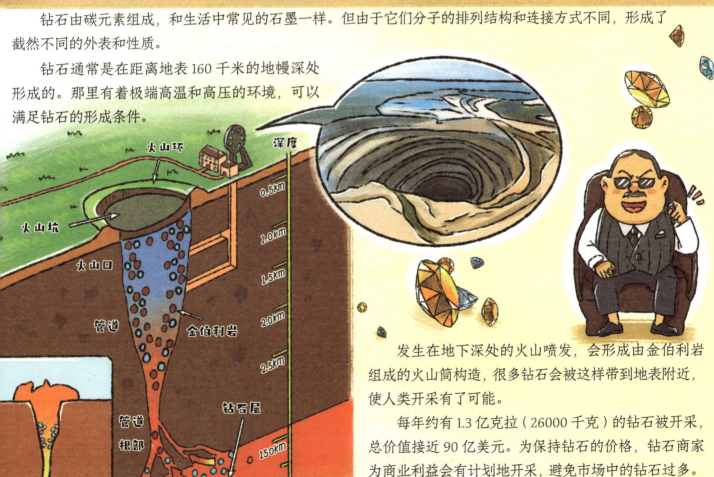

发生在地下深处的火山喷发，会形成由金伯利岩组成的火山筒构造，很多钻石会被这样带到地表附近，使人类开采有了可能。

每年约有 1.3 亿克拉（26000 千克）的钻石被开采，总价值接近 90 亿美元。为保持钻石的价格，钻石商家为商业利益会有计划地开采，避免市场中的钻石过多。

如何判断矿物的坚硬程度?

摩斯选择了十种常见矿物,将它们按硬度顺序分为十级,数字越大,代表硬度越高。具体如下:

硬度	矿石	化学式	绝对硬度	图片
1	滑石	$Mg_3Si_4O_{10}(OH)_2$	1	
2	石膏	$CaSO_4 \cdot 2H_2O$	2	
3	方解石	$CaCO_3$	9	
4	萤石	CaF_2	21	
5	磷灰石	$Ca_5(PO_4)_3(OH^-, Cl^-, F^-)$	48	
6	正长石	$KAlSi_3O_8$	72	
7	石英	SiO_2	100	
8	黄玉	$Al_2SiO_4(OH^-, F^-)_2$	200	
9	刚玉	Al_2O_3	400	
10	钻石 / 金刚石	C	1600	

为了判断不同矿物的相对的硬度,德国地质学家腓特烈·摩斯在 1812 年设计发明了莫氏硬度。

矿物按硬度顺序分为十级。

如果想确认一种物质在硬度表中所处的位置,你可以用它在表中的每种矿物上刻画一下。如果一种矿物在这块岩石上留下了划痕,你就获得了答案。

举例来说,你可以用指甲在石膏上留下划痕,但不能在方解石上做到同样的事情。所以你指甲的硬度就是 2.5,比方解石软,但比石膏硬。

化石燃料是如何形成的?

化石燃料是指由埋藏在地下的化石所形成的天然资源，其中含有丰富的碳，可为人类提供能源。

煤炭、石油和天然气是最主要的化石燃料，它们的形成都经过了漫长的历史。

大约 3.6 亿至 3 亿年前，生长在热带沼泽中的树木被掩埋后，在高温高压的环境中逐渐形成煤炭。这比恐龙生活的时代还要早不少。

约在同一时期，微小的水生生物也被掩埋，并逐渐被细菌转化为一种叫作油母质的物质。随后，地球内部的高温将它们转化为石油或天然气。

我们把化石燃料形成的这个地球历史时期称为"石炭纪"。

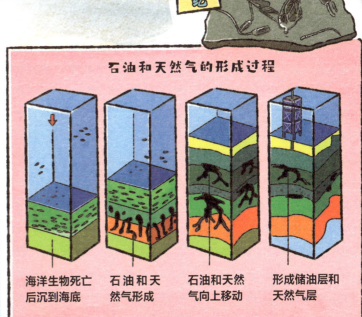

石炭纪

石油和天然气的形成过程

海洋生物死亡后沉到海底 | 石油和天然气形成 | 石油和天然气向上移动 | 形成储油层和天然气层

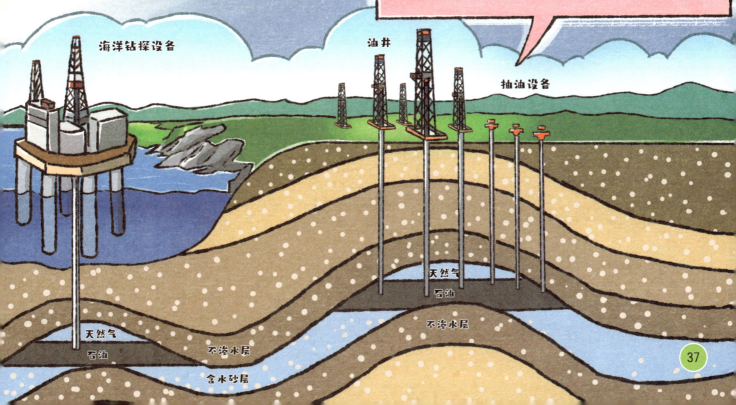

海洋钻探设备

油井

抽油设备

天然气

石油

天然气

石油

不渗水层

不渗水层

含水砂层

地球的表面比篮球更光滑吗?

地球的表面起起伏伏，有高山、深谷、海沟。因此，你可能觉得，地球是一个凹凸不平的巨大球体。

地球表面的最高处是珠穆朗玛峰，高度不到 9 千米；海底的最深处是马里亚纳海沟，深度约 11 千米。也就是说，地球上的最大起伏是 20 千米。

最新高程 8848.86 米。

珠穆朗玛峰

深度约 11 千米。

马里亚纳海沟

这个高度差异和地球本身巨大的体量比起来，根本算不上什么。地球的平均半径是 6371 千米，20 千米的表面高度变化，和地球半径的比例是 20/6371，也就是约为 1/320。

篮球的半径一般为 120 毫米，表面布满颗粒和凹陷，高度变化约为 1 毫米。变化值和篮球半径的比例是 1/120。

从两个比例数字来看，地球实际上要比篮球光滑得多！

我更光滑!

地球

1/320

篮球

1/120

为什么格陵兰岛是世界第一大岛，澳大利亚是最小的大陆？

格陵兰岛位于北美洲东北，北冰洋和大西洋间。这里是因纽特人的家园，现在则是丹麦管理的自治国。

格陵兰岛大约五分之四处于北极圈内，气候严寒，几乎全部被冰川覆盖，是全球除南极洲外，大陆冰川面积最大的地区。

格陵兰岛是世界第一大岛，面积达到 216.6 万平方千米，是世界第二大岛屿新几内亚岛的将近三倍。

格陵兰岛如此巨大，为什么只能算岛屿，而不能算大陆呢？实际上，岛屿和大陆是由人类来定义的。

地理学上约定，以格陵兰岛为基准，比格陵兰岛面积更大的就是大陆，而面积小于等于格陵兰岛的就是岛屿。因此，澳大利亚是最小的大陆，格陵兰岛是最大的岛屿。

世界上一共有多少个岛？

世界各国认定岛屿的标准和方法不同，有的把 10 平方米以上的礁石就算作海岛，也有的认为超过 1 平方千米的才算真正的海岛。

依照不同统计方法计算出的岛屿数量自然各不相同，有些统计认为全世界岛屿总数约在 10 万个左右，也有些统计认为岛屿的数量超过 20 万个。

我们是马来群岛。

所有岛屿的总面积约为 997 万平方千米，约占全球陆地总面积的 1/15。

很多岛屿会集中分布，形成群岛。马来群岛位于亚洲东南部，由 2 万多个岛屿组成，是世界上面积最大的群岛。

千岛之国。

拥有马来群岛大部分岛屿的印度尼西亚，则是世界上最大的群岛国家，被称为"千岛之国"。而实际上，印度尼西亚全国岛屿的数量有 17508 个，叫作"万岛之国"也没有任何问题。

东非大裂谷未来会怎样？

东非大裂谷北起死海和红海，穿过埃塞俄比亚高原和东非高原，向南一直延伸到赞比西河口，全长近 6000 千米，相当于地球周长的七分之一。

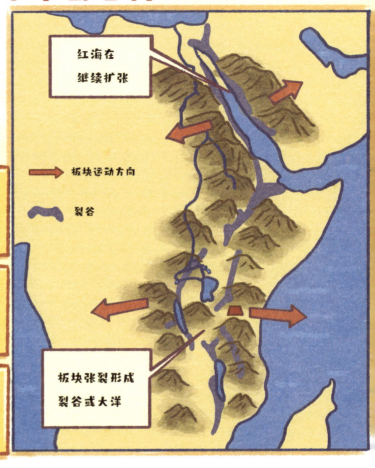

东非大裂谷是由于非洲板块内部张裂而形成的。这一过程自约 3000 万年开始，一直持续至今，东非大裂谷这道"地球的伤疤"越来越大。

由于板块张裂，地质活动活跃，大量岩浆从地下深处涌出，在裂谷附近形成大量的火山，以乞力马扎罗山、肯尼亚山等最为著名。

东非大裂谷内地势低洼，流水汇聚，形成了维多利亚湖、坦葛尼喀湖、马拉维湖等一系列大湖，仿佛串接在裂谷中的珍珠。

在未来，随着张裂的扩大，东非大裂谷会继续变宽变深。海水将会灌入裂谷内，非洲大陆将被分割成东、西两部分。这里或许会形成新的大洋与大陆。

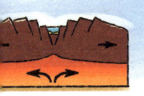

冰岛为何会上演"冰与火之歌"？

冰岛位于北极圈附近，气候寒冷，岛上遍布冰川。规模最大的瓦特纳冰川面积超过 8000 平方千米，覆盖了冰岛 8% 的面积。"冰"岛之名，名副其实。

但在这冰天雪地的外表下，却隐藏着"火热的内心"。30 余个活火山系统贯穿全岛，火山活动极为丰富。

这是由于冰岛位于欧亚板块和美洲板块的交界处。两个板块相互分离，裂隙中不断喷发出的火山物质，在洋底形成了大西洋中脊。

而冰岛就是大西洋中脊上的一处突起，一座火山喷发形成的火山岛！

由此，冰岛形成了冰川与火山共存的独特自然景观，奏响了一曲大自然的"冰与火之歌"。

火山给冰岛带来了数不清的天然温泉、间歇泉，也为冰岛带来了取之不尽的地热能源。在数千年的历史中，冰岛人学会了与火山、冰川共存。

海底会冒烟的"烟囱"是什么？

　　说起烟囱，大家应该都不陌生。在很多工厂能见到高耸的烟囱，不断释放出白色或黑色的浓烟。但难以想象的是，在海底竟然存在着一种天然的"烟囱"，不断喷涌着"浓烟"。

　　这种"烟囱"实际上是一种海底热泉。海水沿着海底的裂隙深入地下，在受地下岩浆的加热后，会集中向上流动，并喷出海底，形成像"烟囱"一样的喷发口。这些被喷出的热液，温度最高可能超过400℃。和工厂的烟囱一样，这些海底的"烟囱"也会冒出黑色、白色等不同颜色的"浓烟"。这主要与海底热液的温度以及所含的矿物成分有关。

　　1979 年，科学家在加拉帕戈斯群岛首次发现了海底"黑烟囱"。今天我们知道，这些"烟囱"主要分布在火山活动频繁的板块交界处或海底的"热点"附近，

　　更神奇的是，这些"烟囱"还在海底创造出了一个神奇的"生命绿洲"，生活在这里的生物，能够忍受高温和黑暗等极端环境，依靠"烟囱"释放出的气体、矿物质生活。这为科学家探索生命的起源带来了新的灵感。

热液中溶解的离子析出

被加热的海水

管状蠕虫

冷水侵入岩石

岩浆

冷水侵入岩石

美国黄石国家公园的地下，真的有一座巨大的活火山吗？

1872 年，美国总统签署法案建立黄石国家公园，以保护那里独特的生态系统、丰富的野生动植物以及地质景观。这是美国建立的第一个国家公园，也是世界上第一个国家公园。

黄石公园

近年来，常会有耸人听闻的新闻，说黄石国家公园地下隐藏的巨型火山将要爆发，世界末日即将来临。真的是这样吗？

黄石公园确实处于板块内部的一处"热点"区域，火山活动极为活跃，在过去 200 万年中曾数次发生大规模爆发。最近的一次喷发，发生在 64 万年前。这次爆发喷出了 1000 立方千米的火山灰、岩石和其他碎屑，足以填满整个科罗拉多大峡谷。今天黄石公园内巨大的破火山口，就是在那次喷发中形成的。

科学家发现，过去数次灾难性的喷发，约间隔 60 ~ 80 万年。但要想预测新一次大爆发的时间，还需要更多的科学研究。

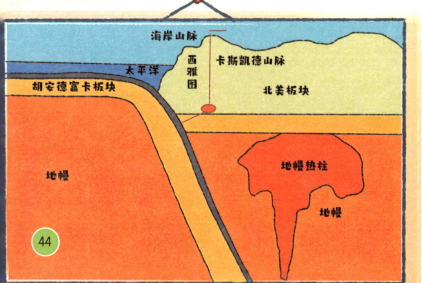

世界第一高峰真的是珠穆朗玛峰吗？

通常来说，我们测量一座山的高度，是计算从海平面到山峰顶端的高度，称为"海拔"。

众所周知，按照这一标准，位于中国和尼泊尔边境的珠穆朗玛峰是世界上第一高峰。根据 2020 年中国公布的最新测量数据，珠穆朗玛峰海拔 8848.86 米。不过，由于珠穆朗玛峰耸立在平均海拔超过 4000 米的青藏高原上，其山顶和山脚间的相对高度只有 4000 米左右，远不及南迦巴瓦峰、麦金利山等相对高度超过 6000 米的山峰。

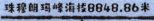

珠穆朗玛峰海拔8848.86米

它们的高度超过 6000 米！

南迦巴瓦峰

麦金利山

夏威夷岛上的冒纳凯阿火山，海拔只有 4207 米。但如果算上在海面以下的部分，它从海底到山顶的高度达到了惊人的 10203 米，比珠穆朗玛峰还要高一些。

地处南美洲赤道附近的钦博拉索雪山，海拔仅 6310 米，但却是距离地心最远的山峰。这是因为地球并不是一个标准的正圆球体，在赤道附近的山会比靠近极地的山离地心更远一些。

冒纳凯阿火山

钦博拉索雪山

海洋最深的地方在哪里？

马里亚纳海沟位于太平洋西部、马里亚纳群岛东侧。这里是两板块交界的地带，太平洋板块俯冲到菲律宾板块下，因而形成了海沟。

海沟中的挑战者深渊，深度达 11034 米，是地球海洋中已知的最深点。如果将世界最高峰珠穆朗玛峰放到这里，也会被完全淹没。

1957 年，苏联考察船"维塔兹"号第一次测得了海沟的深度。1960 年，探险家雅克·皮卡和唐纳德·沃尔什第一次下潜至挑战者深渊底部，创造了人类探索海洋的历史。

马里亚纳海沟

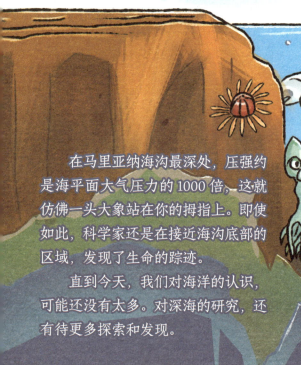

在马里亚纳海沟最深处，压强约是海平面大气压力的 1000 倍。这就仿佛一头大象站在你的拇指上。即使如此，科学家还是在接近海沟底部的区域，发现了生命的踪迹。

直到今天，我们对海洋的认识，可能还没有太多。对深海的研究，还有待更多探索和发现。

世界上最深的人工钻孔有多深？

"冷战"时期，美国和苏联在众多个领域展开了竞争。除了闻名遐迩的太空项目，双方对地球内部的探索也一直互不相让。

1970 年，苏联在科拉半岛开启了一项科学钻探项目，希望能够打穿地球表层的地壳，以研究地壳与地幔之间的界面。

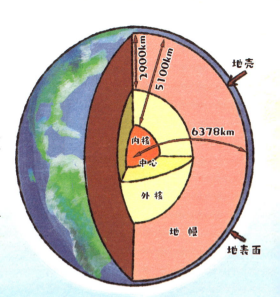

1989 年，科拉超深钻孔的深度达到了 12263 米，成为地球上最深的钻孔。这个深度已超越海洋中最深的马里亚纳海沟。

遗憾的是，这一科研项目在苏联解体后停滞，并在 21 世纪被彻底放弃。

科拉超深钻孔的深度纪录在 2008 年和 2011 年先后被 12289 米的卡塔尔阿肖辛油井和 12345 米的俄罗斯库页岛 Odoptu OP-11 油井打破，目前排名世界第三。不过，科拉超深钻孔作为纯粹用于科研的钻孔，依然有着无法取代的意义。

4000m

7000m

12263m

世界上最长的山系在哪里？

科迪勒拉山系纵贯美洲西部，北起阿拉斯加，南至火地岛，绵延15000千米，是世界上最长的山系。

这一巨大的山系，是板块运动的结果。美洲板块和太平洋板块、南极洲板块之间的碰撞挤压，发生褶皱与抬升，最终形成庞大的山系。

科德勒拉来自西班牙语，意思是"小绳子"，用来形容很多不同山脉组合而成的大山系。

落基山脉位于加拿大与美国西部，南北延伸4800千米。与太平洋海岸山脉、喀斯喀特山脉、内华达山脉等平行排列，共同组成科迪勒拉山系在北美洲的主干。

安第斯山脉是科迪勒拉山系在南美洲的主干，大体与太平洋海岸平行，南北全长近9000千米，是世界上最长的山脉。

世界最高的高原是哪个？

主体位于中国西藏和青海的青藏高原，平均海拔 4500 米，是世界上最高的高原，有"世界屋脊"之称。

青藏高原也是世界上最年轻的高原。6500 万年前，印度板块与欧亚板块碰撞，导致青藏高原隆起。直到今天，青藏高原很多区域依然处在抬升的过程中。

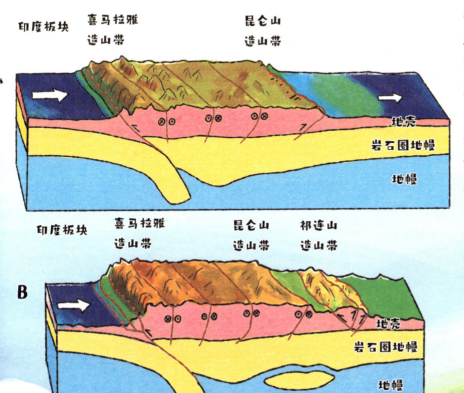

印度板块　喜马拉雅　　　　　昆仑山
　　　　　造山带　　　　　　造山带

地壳
岩石圈地幔
地幔

印度板块　喜马拉雅　　　昆仑山　　祁连山
　　　　　造山带　　　　造山带　　造山带

B

地壳
岩石圈地幔
地幔

高海拔塑造了青藏高原高寒的气候，使这里成为除南北两极外，冰川分布最密集的区域。整个青藏高原的冰川数量超过 4.4 万平方千米，堪称地球"第三极"。

众多的冰川成了大江大河的源头。黄河、长江、湄公河、雅鲁藏布江、恒河、印度河等众多河流发源自青藏高原这座"亚洲超级水塔"。

青藏高原的存在，改变了大气运动的模式，影响着周边区域的气候，造就了"杏花春雨"的江南和"铁马秋风"的塞北。

49

世界最深的峡谷是哪个？

位于青藏高原东南部的雅鲁藏布大峡谷长504.6千米，平均深度2268米，最深处6009米，是世界上最长、最深的大峡谷。

雅鲁藏布大峡谷是在青藏高原的快速抬升和雅鲁藏布江的江水冲刷的共同作用下形成的，最窄处不足百米，极为险峻。

来自印度洋的热带季风将丰沛的水汽送入雅鲁藏布大峡谷，带来丰富的降水，造就了大峡谷内"西藏江南"般的温暖湿润气候。

从雅鲁藏布江江岸到峡谷两侧的雪峰，形成了从热带季雨林到冰川的完整垂直自然带，将热带到极地的不同自然景观汇聚一处。

大峡谷内人迹罕至，成为了众多野生动物、植物最后的庇护所。这里的生物多样性极为丰富，近年来还不断有新物种被科学家发现。

世界最大的平原是哪个？

亚马孙平原是世界最大的冲积型平原，位于南美洲北部，南临巴西高原，西抵安第斯山东麓，北接圭亚那高原，东滨大西洋，总面积约 560 万平方千米。

平原地势低平，大部分区域海拔在 150 米以下，由亚马孙河干流和支流共同冲积形成。

亚马孙平原地处赤道附近，终年高温多雨，形成了世界上面积最大的一片热带雨林。雨林植物繁茂，种类繁多，对全球自然环境有着举足轻重的作用，被誉为"地球之肺"。

亚马孙雨林是众多野生动物的家园，生物多样性极为丰富。但炎热潮湿的气候、过于茂密的丛林，并不太适宜人类生活。

因此，亚马孙平原在历史上一直人烟稀少，保持着较为原始的自然面貌。但近几十年来，人们为获取木材等资源，对雨林进行了大规模砍伐和破坏，极大地影响了当地环境与全球气候。

世界最庞大的洞穴是哪一个？

隐藏于地下的洞穴系统可能比我们想象的更为庞大和复杂。近年来，科学家和探险家依然在不断刷新着关于洞穴的各种纪录。

地处越南的山水洞，直到 1991 年才被当地人发现。2009 年，英国人对洞穴进行考察，发现了长约 4.5 千米、直径约 80 米的世界最大单体洞穴走廊。

韦廖夫金洞位于格鲁吉亚。洞穴在 1960 年被发现，但直到 2018 年，探险队员才探查到 2212 米的深度。它由此超越 2197 米深的库鲁博亚拉洞，成为目前地球上已知最深的洞穴。

位于美国肯塔基州的猛犸洞，是世界上已知最长的洞穴系统。

已探明的洞穴总长度超过 680 千米，而这个数字还在继续增长。

有趣的是，这个洞穴其实和猛犸没有任何关系。只是因为入口处的通道又长又宽，于是就以身形庞大的猛犸命名了。

挪威的海岸线为什么那么长？

位于欧洲北部的挪威，虽然面积只有 32.4 万平方千米，但却是世界上海岸线最长的国家之一。

由于测量计算方法的不同，挪威海岸线有 2 万千米、6 万千米、10 万千米等不同的长度数据。但可以确定的是，它的海岸线长度可以和面积接近 1000 万平方千米的加拿大相媲美，甚至比俄罗斯的海岸线还要长。

这主要是因为挪威大部分海岸属于峡湾型海岸。峡湾又深又长，伸向内陆，形成极为曲折的海岸线。这些峡湾的形成是冰川的"功劳"。历史上，挪威所在的斯堪的纳维亚半岛曾遍布冰川。它自陆地向海洋流动时，向下侵蚀的力量非常强，将原有的很多谷地加深、加宽。随着冰期的结束，气温回升，冰川逐渐消融，海平面大幅上升。于是，海水取代冰川，填充进这些峡谷，形成了一个又一个蜿蜒曲折的峡湾。

挪威

图书在版编目（CIP）数据

绕不开的地理常识.5,地理冷知识TOP100.上 / 朱岩编著；石子儿童书绘. —— 北京：电子工业出版社，2024.1

（超级涨知识）

ISBN 978-7-121-46716-5

Ⅰ.①绕… Ⅱ.①朱… ②石… Ⅲ.①地理 – 少儿读物 Ⅳ.①K9-49

中国国家版本馆CIP数据核字（2023）第228030号

责任编辑： 季　萌

印　　刷：当纳利（广东）印务有限公司

装　　订：当纳利（广东）印务有限公司

出版发行：电子工业出版社
　　　　　北京市海淀区万寿路173信箱　邮编：100036

开　　本：889×1194　1/20　印张：16.2　字数：421.2千字

版　　次：2024年1月第1版

印　　次：2024年1月第1次印刷

定　　价：148.00元（全6册）

凡所购买电子工业出版社图书有缺损问题，请向购买书店调换。若书店售缺，请与本社发行部联系，联系及邮购电话：（010）88254888，88258888。

质量投诉请发邮件至zlts@phei.com.cn，盗版侵权举报请发邮件至dbqq@phei.com.cn。

本书咨询联系方式：（010）88254161转1860，jimeng@phei.com.cn。